Michael Petrowitz • Rüdiger Bertram

Die schönsten Weltraumgeschichten
mit extra vielen Rätseln

Mit Bildern von Patrick Wirbeleit und

Heribert Schulmeyer

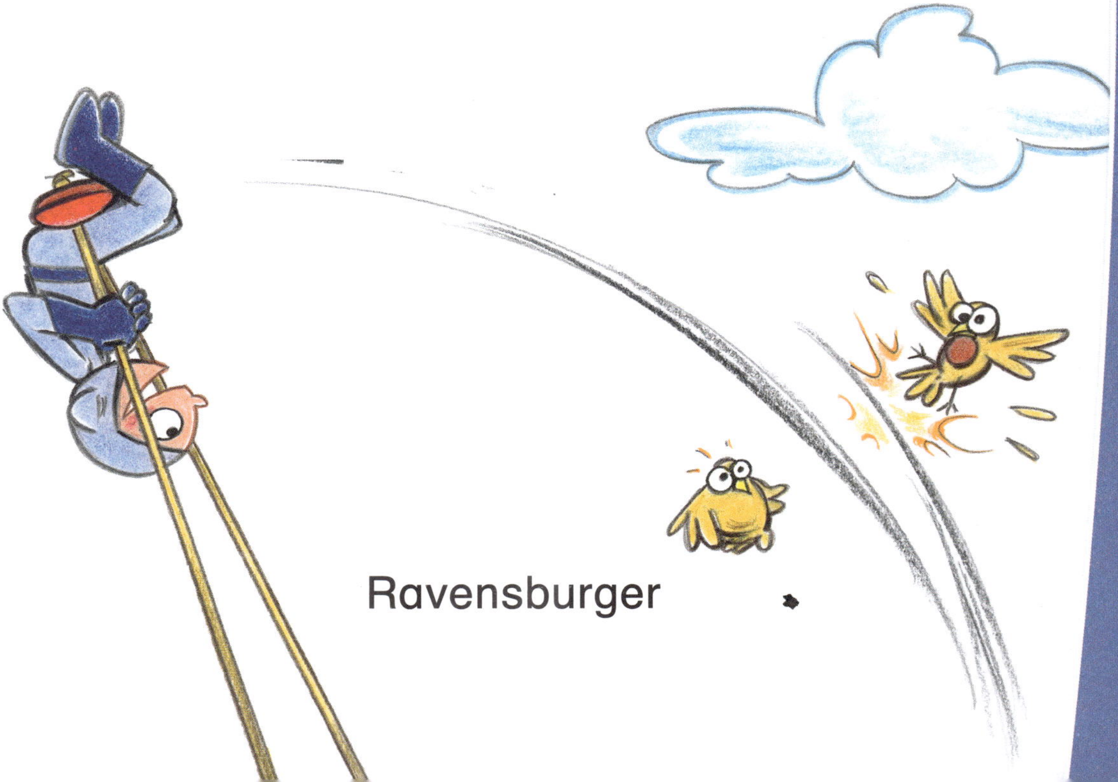

Ravensburger

Bibliografische Information der Deutschen Nationalbibliothek:

Die Deutsche Nationalbibliothek verzeichnet diese Publikation
in der Deutschen Nationalbibliografie.
Detaillierte bibliografische Daten sind im Internet
über http://dnb.d-nb.de abrufbar.

1 3 5 4 2

Ravensburger Leserabe
Diese Ausgabe enthält die Bände
„Gefährlicher Flug durchs All" von Rüdiger Bertram
mit Illustrationen von Heribert Schulmeyer
„Besuch aus dem Weltraum" von Michael Petrowitz
mit Illustrationen von Patrick Wirbeleit
© 2015, 2018 Ravensburger Verlag GmbH
Auszüge aus:
„Sticker-Rätsel zum Lesenlernen" von Lena Merk
mit Illustrationen von Angelika Penner
„Sticker-Kreuzworträtsel zum Lesenlernen" von Anne Johannsen
mit Illustrationen von Angelika Penner
„Sticker-Rätsel zum Lesenlernen" von Lena Merk
mit Illustrationen von Stefan Lohr
© 2017, 2018 Ravensburger Verlag GmbH

© 2023 Ravensburger Verlag GmbH
Postfach 2460, 88194 Ravensburg
Für die vorliegende Ausgabe
Umschlagbild: Patrick Wirbeleit
Konzept Leserätsel: Dr. Birgitta Reddig-Korn
Printed in Germany
ISBN 978-3-473-46296-4

ravensburger.com
www.leserabe.de

Inhalt

Michael Petrowitz

Besuch aus dem Weltraum

Mit Bildern von Patrick Wirbeleit

Nur eine Wolke?

Endlich Sommerferien!
Die Sonne scheint und der Himmel
leuchtet in hellem Blau.
Nur ein einziges, weißes Wölkchen
ist zu sehen.
Niko schlendert mit gesenktem Kopf
und hängenden Schultern
durch den Garten und mault:
„Alle sind verreist.
Niemand ist da, mit dem ich
spielen kann.
Ich hasse diese Ferien!"

Er merkt gar nicht,
dass das Wölkchen
immer tiefer sinkt.

Hinter dem Zaun von Nachbar Schulte
steht Hündin Elli
und bellt zum Himmel.
Jetzt entdeckt auch Niko
die Wolke.
Aber die Wolke zieht
nicht in eine Richtung.
Sie schwebt mal nach rechts,
dann nach links
und wieder zurück nach rechts.

„Das kann doch gar nicht sein!",
wundert sich Niko.
Er feuchtet seinen Zeigefinger
mit Spucke an
und hält ihn in die Luft.
Der Wind kommt nur
aus einer Richtung.
Die Wolke fliegt ja
gegen den Wind!
Das ist doch unmöglich!
Es sieht so aus,
als würde die Wolke
im Park landen.
„Das muss ich mir genauer ansehen",
denkt Niko
und spurtet los.

Besuch aus der Ferne

Die Wolke ist auf dem Rasen
im Park gelandet.
Niko bleibt
in sicherem Abstand stehen.
„So etwas habe ich
noch nie gesehen!", flüstert er.
Die Wolke löst sich langsam auf
und ein rundes Raumschiff
kommt zum Vorschein.

„Ein echtes Ufo!", staunt Niko.
Er tritt näher an das Ufo heran.
Ihm ist ganz schön mulmig zumute.
Was, wenn da ein fieser Alien
drinsitzt, der ihn mit seinem
langen Rüssel einfach aufsaugt?

Die Tür des Ufos öffnet sich
und ein Junge, der genauso groß ist
wie Niko, krabbelt heraus.
Der Junge trägt
einen glitzernden Raumanzug.
„Hallo! Ist das hier die Erde?",
fragt er.
„Klar, was sonst?!", antwortet Niko.
„Genauer gesagt, das hier ist
der Stadtpark! Ich bin Niko.
Und wer bist du?"

„Ich heiße Hieronymo!
Ich komme aus Quantanien."
„Aus Quantanien? Liegt das
bei Spanien?", fragt Niko.
„Spanien? Nein. Quantanien liegt
gleich hinter der UDFy-38135539-
Galaxie, also nur 13 Milliarden
Lichtjahre von diesem Park entfernt",
antwortet Hieronymo.
„Oh! Das ist dann weiter weg
als Spanien. Und was machst
du hier bei uns auf der Erde?"

„Ich bin auf der Suche
nach meinem Hund.
Ich wollte am Mars nur
ein kleines Pinkelpäuschen
einlegen", erklärt Hieronymo,
„aber dann ist er mir ausgebüchst
und einfach alleine zur Erde
geflogen.

Könntest du mir helfen,
ihn zu suchen?"
„Au ja!", ruft Niko begeistert.
„Wie heißt er denn?"
„Dussel!", sagt Hieronymo.
„Dussel?", wundert sich Niko
und kann sich das Lachen
kaum verkneifen.
„Vielleicht hat er sich irgendwo
in einem Gebüsch versteckt,
oder hinter einem Baum",
vermutet Niko und ruft: „Duusseeel!
Wo biiist du? Duusseeell!"

Duusseeell!

Niko und Hieronymo kriechen
mit ihren Nasen dicht über
dem Boden zwischen den Sträuchern
und Büschen umher.
„Ich habe eine Spur!",
ruft Hieronymo.
Niko eilt sofort zu ihm
und betrachtet die Fährte.
Die Abdrücke im Boden sehen aus
wie von einer Ente.
„Das sind ja Abdrücke von
Watschelfüßen! Aber Hunde haben
doch Pfoten", sagt Niko.

„Das sind eindeutig
die Fußabdrücke von Dussel",
erklärt Hieronymo.
„Ein Hund mit Watschelfüßen?!",
wundert sich Niko.
„Was ist Dussel überhaupt
für ein Hund? Welche Rasse,
meine ich."
Hieronymo stutzt. „Er ist ein
ganz normaler Weltraumhund."

Ein Superschaukler

Die Spur führt die beiden
zum Spielplatz.
Dort bleibt Hieronymo vor
einer Schaukel stehen. „Was ist
das denn?", will er wissen.
„Eine Schaukel", antwortet Niko.
„Und wie funktioniert
diese Schaukel?"
„Du hast noch nie geschaukelt?"
Niko kann es kaum glauben.
Hieronymo schüttelt den Kopf.
„Komm, ich zeig's dir!", sagt Niko
und setzt sich auf die Schaukel.
„Es ist ganz einfach!", ruft er,
holt Schwung und schaukelt.

„Vielleicht kann ich Dussel
von hier oben entdecken."
Niko hält Ausschau,
aber Dussel ist nicht zu sehen.
„Darf ich das auch mal versuchen?",
fragt Hieronymo.
„Na klar", sagt Niko und springt ab.

Hieronymo setzt sich
auf die Schaukel.
Er holt nur einmal Schwung
und sofort schaukelt er höher
als Niko zuvor.
Beim zweiten Mal hängt er schon
kopfüber und beim dritten Mal
macht er sogar einen Überschlag.
Aber Hieronymo hört nicht auf.

Er holt immer mehr Schwung.
Seine Überschläge werden
schneller und schneller.
Niko steht mit offenem Mund da
und staunt.
Wie kann man nur so schaukeln?!
„Pass auf, dass du
nicht wegfliegst!", ruft Niko.

Nun kommen auch
andere Kinder angerannt
und staunen über
Hieronymos Schaukelkünste.
„Der kann aber dolle schaukeln!",
ruft ein kleiner Junge mit
einem Strohhut, an dem
eine lange gelbe Feder
mit blauen Punkten steckt.

„Ja, das ist Hieronymo
aus Quantanien!",
sagt Niko stolz.
„Quantanien?", wundert sich
der Junge. „Wo ist das denn?"
„Das ist weiter weg als Spanien,
gleich hinter der UDFy-Galaxie.
Die Postleitzahl hab' ich vergessen."

In diesem Moment springt
Hieronymo in hohem Bogen
von der Schaukel.
Er landet genau vor Niko
und dem Jungen mit dem Strohhut.
„Wo hast du diese Feder her?",
will Hieronymo von dem Jungen wissen.
„Die habe ich auf dem Weg
von der Eisdiele zum Spielplatz
gefunden", antwortet der Junge.

„Dann muss Dussel dort
gewesen sein!", ruft Hieronymo.
„Die Feder hat er bestimmt
auf dem Weg verloren."
„Ein Hund mit Federn?",
wundern sich Niko
und der Junge mit dem Strohhut.

„Ja, klar!", sagt Hieronymo.
„Weltraumhunde haben Federn.
Und Dussels sind gelb
mit blauen Punkten.
Hilfst du uns, ihn zu suchen?"
„Au ja!", antwortet der Junge.
Ich heiße übrigens Collin!"
Die drei rennen los
Richtung Eisdiele.

Die heiße Spur

Vor der Eisdiele sitzt ein Mädchen
an einem Tisch und weint.
Vor ihr steht ein leerer Eisbecher.
„Warum weinst du?", fragt Niko.
„Irgendjemand hat mein Eis gefuttert.
Ich war nur kurz auf der Toilette.
Als ich zurückkam,
war der Becher leer",
antwortet das Mädchen.

„Das ist aber gemein!",
regt sich Niko auf.
„Wer klaut denn einfach so Eis?!"
Hieronymo wird rot.
„Ich, ich glaube, das war Dussel",
stottert er verlegen.
„Dussel? Wer ist das denn?",
fragt das Mädchen wütend.
„Dussel ist ein Weltraumhund",
erklärt Collin.

„Er hat Watschelfüße
und gelbe Federn mit
blauen Punkten", fügt Niko hinzu.
„Und er ist verrückt nach Eis!",
ergänzt Hieronymo.
„Aber bestimmt dachte er,
das Eis gehört niemandem.
Dussel ist kein böser Hund!"

Das Mädchen wundert sich:
„Federn? Watschelfüße?
So einen Hund
gibt es doch gar nicht!"
„Wenn du uns nicht glaubst,
komm doch einfach mit",
fordert Niko sie auf.

„Dann wirst du schon sehen!"
„Na gut", sagt das Mädchen.
„Ich komme mit euch. Aber wehe,
wenn ihr mich nur an der Nase
herumführen wollt!
Ich heiße übrigens Jule."

Kurz hinter der Eisdiele entdecken
die Kinder eine grüne Pfütze.
„Ich glaube, ich weiß,
wer das war...", sagt Niko.
„Kann es sein, dass Dussel
grün pinkelt?"
„Ja!", antwortet Hieronymo.
„Und wenn er erst einmal
angefangen hat
zu pinkeln, dann hört er
so schnell auch nicht mehr auf!"

Von der grünen Pfütze führt
eine grüne Spur im Zickzack
aus dem Park heraus.
Die Kinder folgen ihr.
An einer Straßenkreuzung
endet die Spur.
„Wo sollen wir jetzt suchen?",
fragt Collin. Die Kinder sind ratlos.
Da hören sie ein Grunzen.

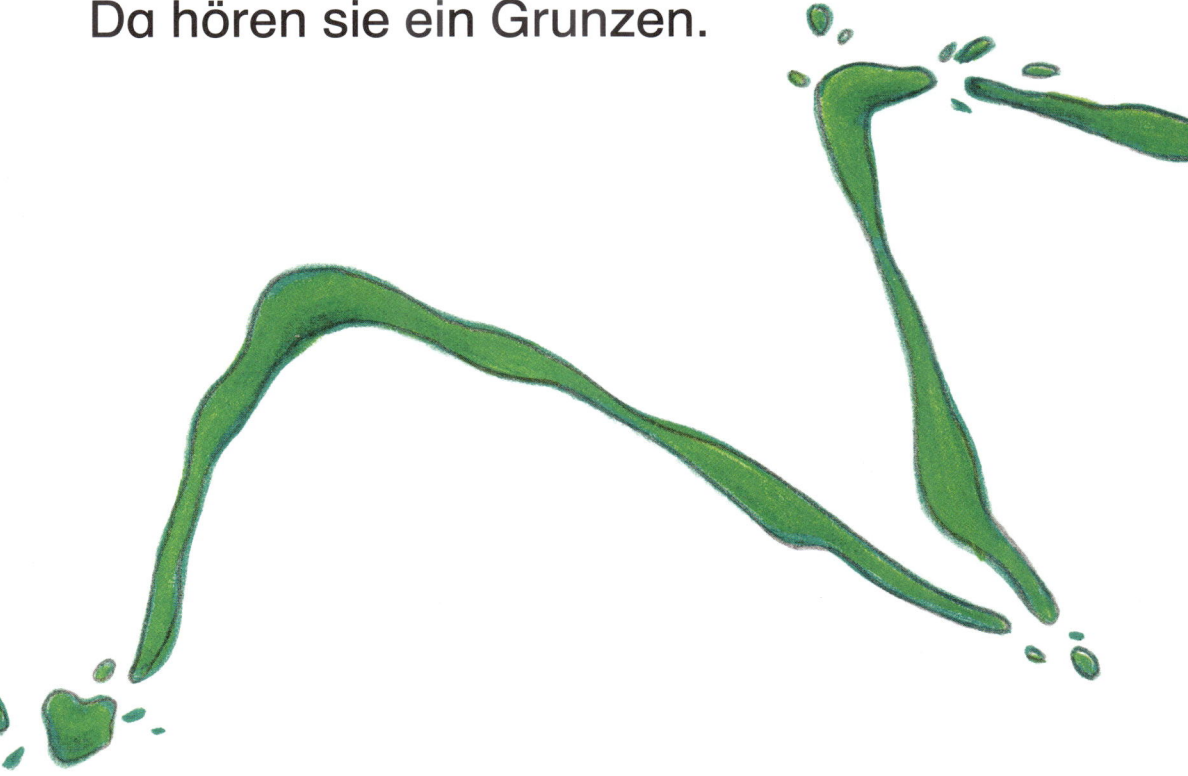

„Hört ihr das?", fragt Hieronymo.
„Das klingt nach Dussel!"
„Dussel grunzt?",
wundern sich Collin und Jule.
Niko wundert sich nicht mehr.
„Klar! Weltraumhunde grunzen",
antwortet er.
Hieronymo lächelt. Er freut sich,
dass Niko nun schon so gut
über Weltraumhunde
Bescheid weiß.

„Das Grunzen kam von dort!",
ruft Jule.
„Dort wohne ich", sagt Niko.
„Kommt schnell!"
Die Kinder rennen zu Nikos Haus.
Im Garten von Nachbar Schulte
ist was los!
Dussel tobt mit Elli wild
über die Beete.
Nachbar Schulte steht hilflos
daneben und keift: „Wem gehört
dieses hässliche Tier?
Holt es sofort aus meinem Garten!"

„Dussel! Bei Fuß!",
ruft Hieronymo.
Als Dussel Hieronymo entdeckt,
wedelt er fröhlich
mit seinem Schwänzchen.
Dann hüpft er über den Zaun
zu den Kindern.
Dussel sieht wirklich komisch aus:
Er hat nicht nur Federn
und Watschelfüße, er hat auch einen
langen Rüssel
und glupschige Augen.

Aber er schielt so süß,
dass alle ihn sofort gernhaben.
Nur Nachbar Schulte schimpft:
„Pass' das nächste Mal besser
auf dein, dein, ... – ja was ist das
überhaupt für ein Tier?!"
„EIN WELTRAUMHUND!",
rufen die Kinder
gemeinsam und lachen.

Rosaroter Abschied

Die Sonne geht langsam unter.
Hieronymo und Dussel
müssen wieder nach Hause.
Hieronymo sitzt in
seinem Raumschiff und winkt.
Dussel sitzt neben ihm.
Er guckt mit traurigen Augen
aus der Luke.

„Ich glaube, Dussel hat sich
in Elli verliebt", bemerkt Jule.
„Wir werden unsere
neuen Freunde auf der Erde
bald wieder besuchen",
tröstet Hieronymo seinen Dussel.
„Ja, kommt so bald wie möglich
wieder!", rufen Niko, Jule und
Collin ihnen zu.

Dann schließt Hieronymo die Luke.
Inzwischen ist das Raumschiff
in eine rosarote Wolke gehüllt.
Es hebt ab und steigt schnell empor.
Niko, Jule und Collin schauen
so lange zum Himmel,
bis die Wolke am Horizont
verschwunden ist.
„Wollen wir morgen wieder
zusammen spielen?", fragt Niko
die anderen Kinder.
„Gute Idee!", sagen Collin und Jule.

Niko ist glücklich.
Endlich muss er die Ferien
nicht mehr allein verbringen.
Und wer weiß: Vielleicht kommen
Hieronymo und Dussel auch bald
wieder zu Besuch.

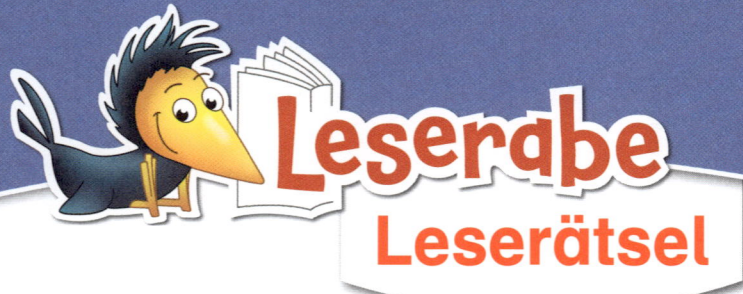

Leserabe
Leserätsel

Rätsel 1 **Wer bin ich?**

1. Ich bin ein Junge.

2. Mein Name enthält ein i.

3. Mein Hund heißt Dussel.

Rätsel 2 **Silben-Salat**

Bringe die Silben in die richtige Reihenfolge!

KLER – SU – SCHAU – PER

Wörter im Versteck

Insgesamt sind sechs Wörter versteckt.
Kreise sie ein.

K	O	P	F	Z	H
E	C	W	E	G	I
I	G	H	I	H	M
S	O	U	J	N	M
F	K	N	D	E	E
F	E	D	E	R	L

So macht Lesen lernen Spaß!

Mit dem Leserabe Rätselspaß
übst du das Lesen ganz nebenbei.
Mit lustigen Rätseln erweiterst du
spielerisch deinen Wortschatz.

So wirst du ganz schnell
zum Leseprofi!

Viel Spaß!

Was fehlt?

Schreibe die passenden Klein- oder Großbuchstaben in die Puzzleteile.

Im Meer

Verbinde die Punkte in der richtigen
Reihenfolge.
Welches Tier erkennst du?

Lösungswort:

Hör genau hin!

Wie klingen die Tiere am Anfang?
Schreibe zu jedem Tier den passenden
Anfangsbuchstaben.

49

Wie gut kennst du das Abc?

Finde Vorgänger und Nachfolger
und schreibe sie in die Kästchen.

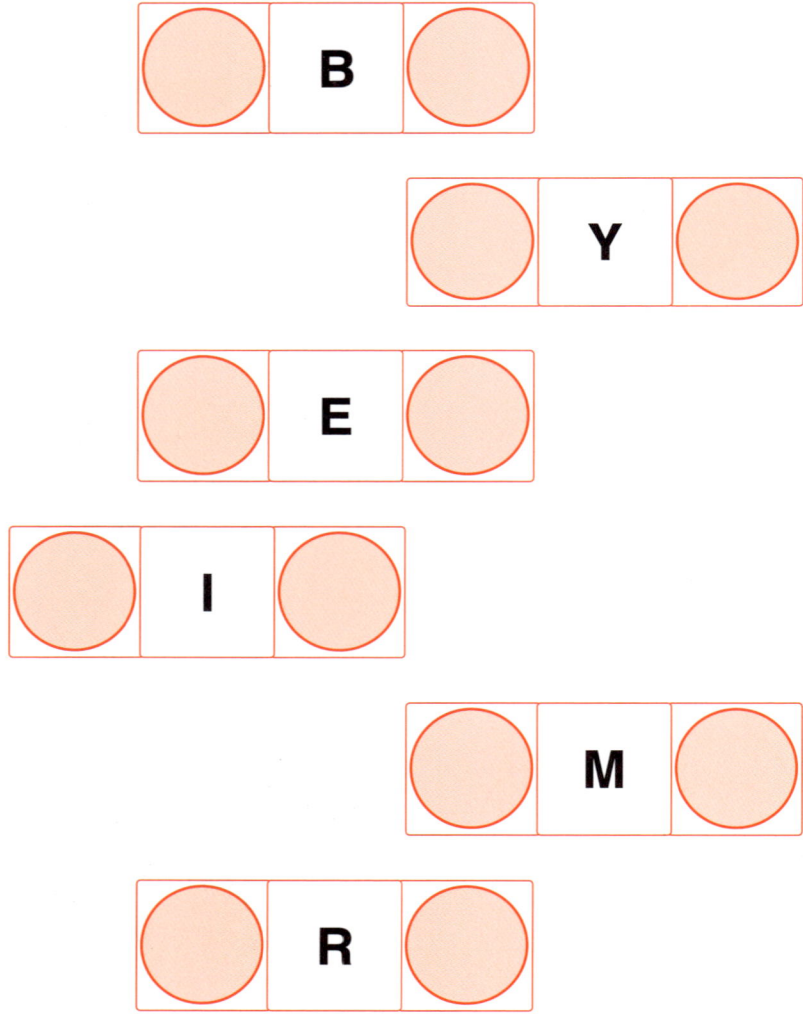

Leckeres Obst!

Folge den Spuren und male in jede Kiste
die passende Frucht.

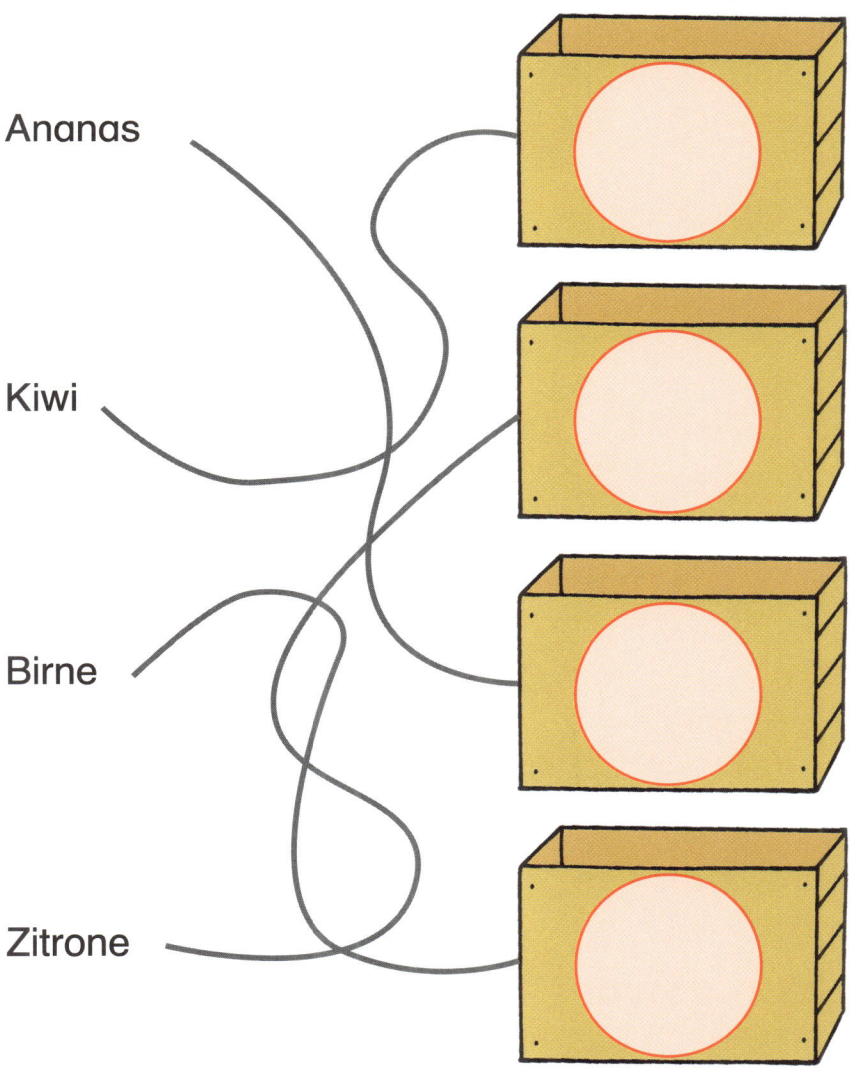

Ananas

Kiwi

Birne

Zitrone

51

Welcher Buchstabe fehlt?

Ergänze die fehlenden Anfangsbuchstaben.
Trage sie dann der Reihe nach unten ein.

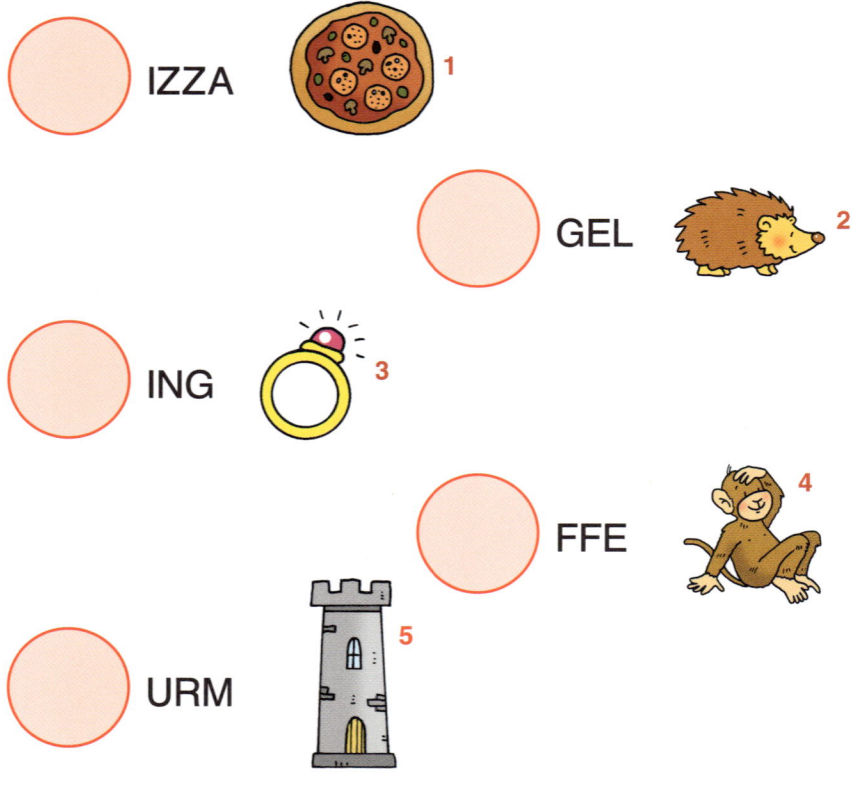

IZZA 1

GEL 2

ING 3

FFE 4

URM 5

Lösungswort: 1 2 3 4 5

52

Buchstaben-Knabberei

Welcher Buchstabe ist das jeweils?
Schreibe ihn daneben.

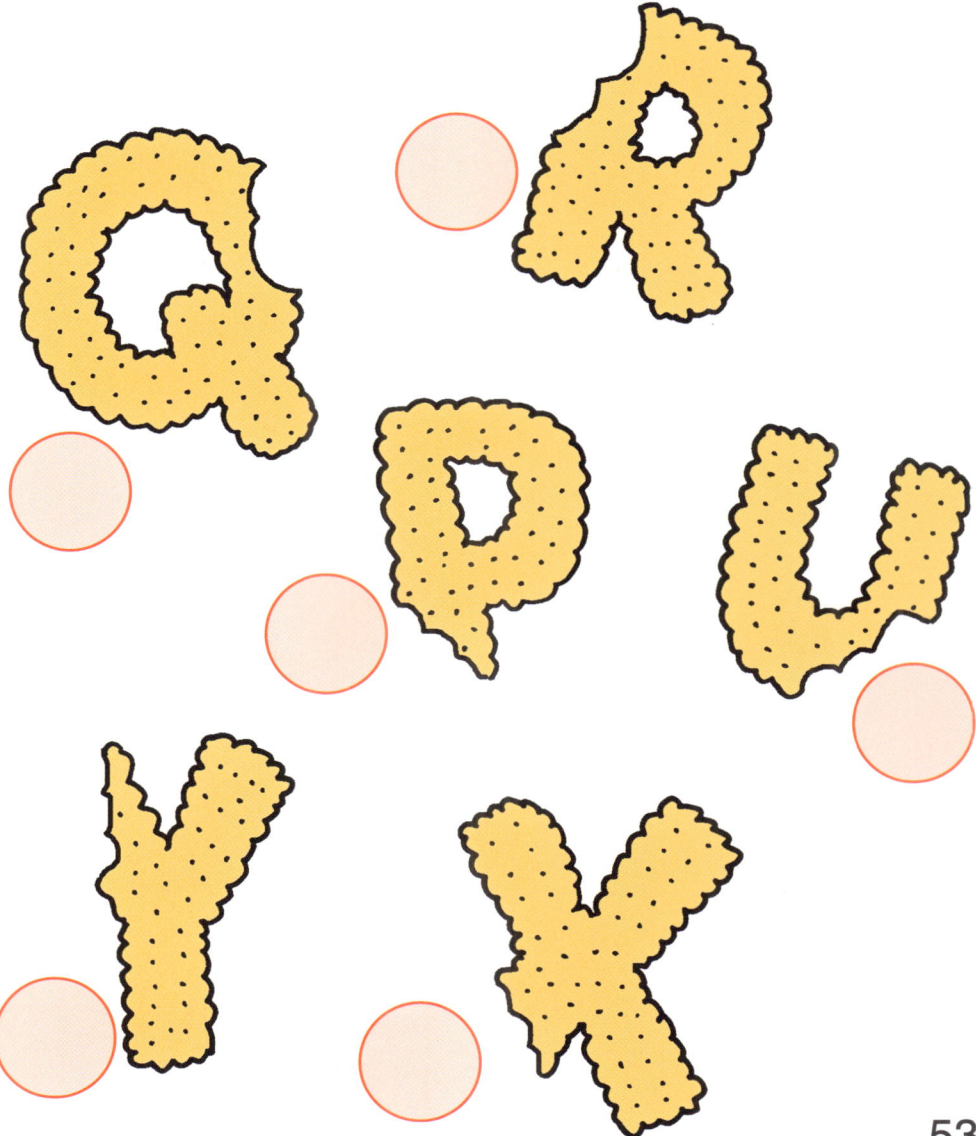

Alles hat Namen

Findest du zu jedem Bild das richtige Wort?

54

Welche Buchstaben sind falsch?

Kreise sie auf jedem Brett ein.
Welches Wort ergeben sie von oben
nach unten gelesen?

K/k KKkWkKKKkKkkK

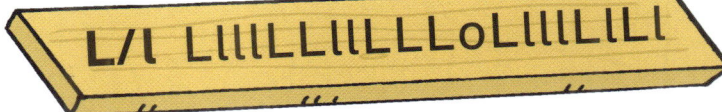

L/l LllLLlLLLoLlllLlLl

R/r RrRrrlRRRRrRrrrrRr

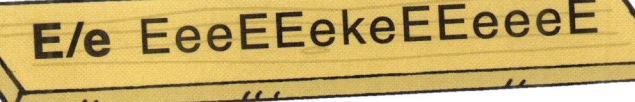

E/e EeeEEekeEEeeeE

J/j JjjeJJjJJjjJJjjJJJjJj

Lösungswort:

55

Welche 3 Tiere findest du?

Male die Felder aus. Schreibe unter jedes
Tier den passenden Anfangsbuchstaben.

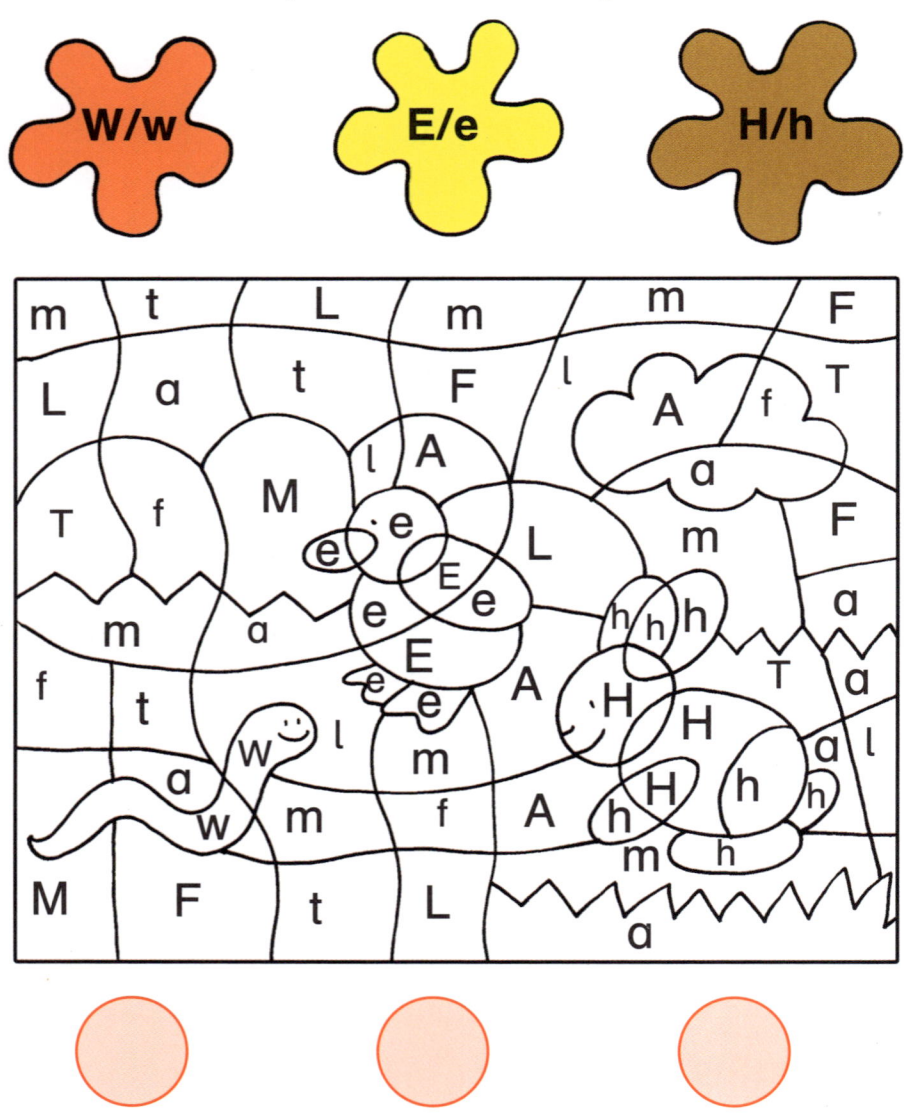

Abc

Ergänze die fehlenden Buchstaben.
Diese Buchstaben ergeben das Lösungswort.

Lösungswort:

Gefräßige Schlange

Lies die Wörter und zeichne die passenden Bilder. Schreibe das Wort darunter.

Was reim sich?

Finde zu jedem Bild das passende Wort.
Verbinde dann Reimpaare.

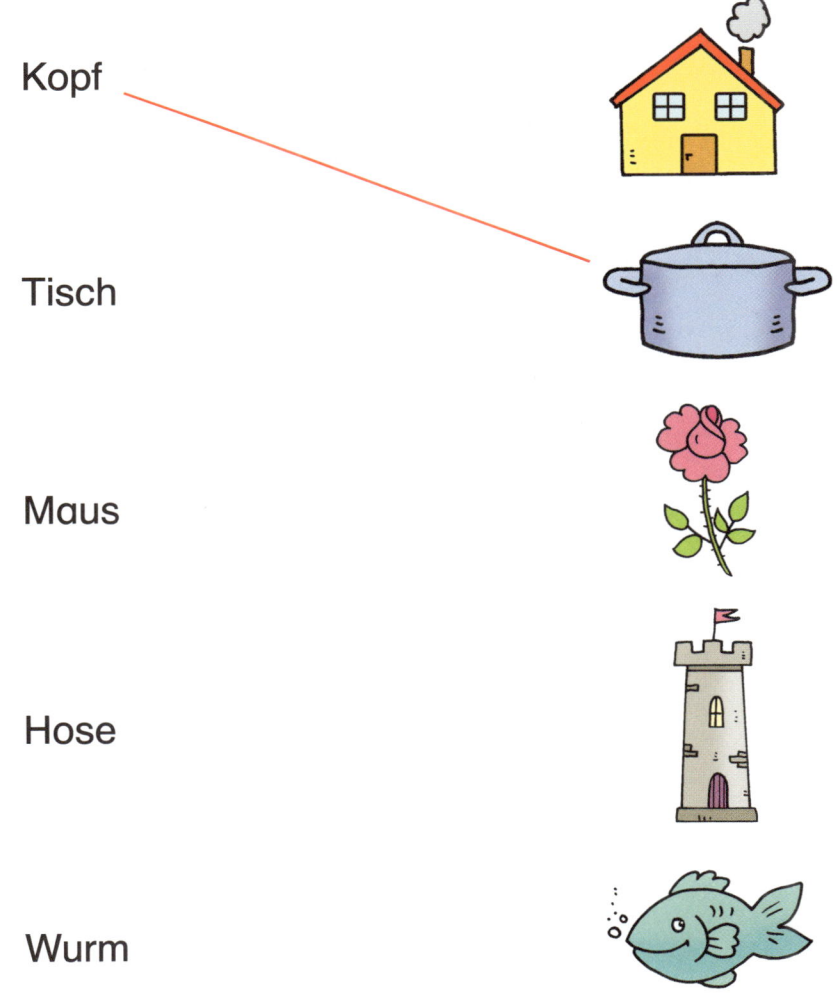

Kopf

Tisch

Maus

Hose

Wurm

Auf dem Teich

Verbinde die Punkte in der Reihenfolge
des Abc. Welches Tier erkennst du?

Lösungswort:

Rätsel 1

A – **a**; **C** – c; F – **f**; **L** – l; S – **s**; **B** – b

Rätsel 2

WAL

Rätsel 3

 H

 K

 M

 F

 G

 Z

Rätsel 4

A	B	C
X	Y	Z
D	E	F
H	I	J
L	M	N
Q	R	S

Rätsel 5

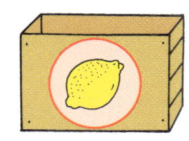

Rätsel 6

PIZZA	**A**FFE
IGEL	**T**URM
RING	**PIRAT**

61

Rätsel 7

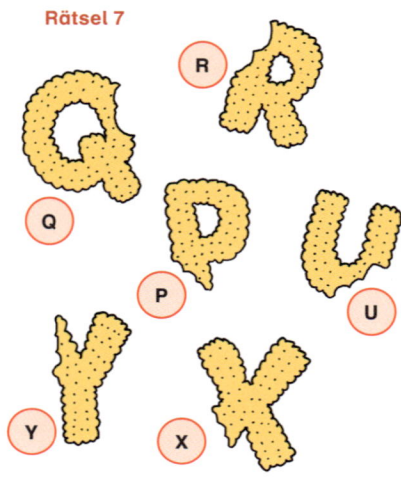

Rätsel 8

MAUS   NASE
NILPFERD   MELONE
OMA   OFEN

Rätsel 9

Lösung: WOLKE

Rätsel 10

W   E   H

Rätsel 11

1. Kette: O P Q **R** S T U V
2. Kette: H I J K L M N **O**
3. Kette: **S** T U V W X Y Z
4. Kette: A B C D **E** F G H

Lösung: ROSE

Rätsel 12

BROT   NUDELN   TOMATE   KEKS

Rätsel 13

Kopf

Tisch

Maus

Hose

Wurm

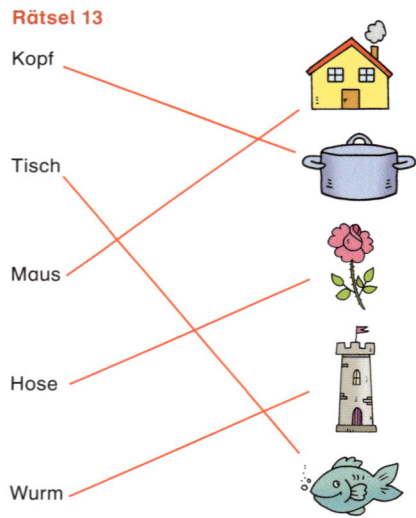

Rätsel 14

FROSCH

62

Rüdiger Bertram

Gefährlicher Flug durchs All

Mit Bildern von Heribert Schulmeyer

Lustige Gesichter

„Wetten, du traust dich nicht?",
sagt Hannes.
„Klar trau ich mich!",
sagt Stella und
nimmt den Pinsel
aus ihrem Farbeimer.

Stella und Hannes
leben nicht auf der Erde.
Sie wohnen auf dem Mond.
Dort lernen sie,
wie man Raumschiffe fliegt.
Das dauert ein Jahr.
Aber Stella und Hannes
sind schon fast fertig.
In zwei Wochen ist ihre Prüfung.

Stella zögert kurz.
Dann malt sie dem Raumschiff
einen lachenden Mund
auf die Schnauze.

Auch Hannes beginnt zu malen.
Am Ende sind alle Raumschiffe
viel hübscher als vorher,
finden die beiden.
Und lustiger sowieso.

„Jetzt lieber schnell
weg hier", sagt Stella,
als sie fertig sind.

Aber zu spät!
Durch ein Fenster sehen sie
Frau Luna kommen.
Frau Luna ist ihre Fluglehrerin.
Schnell verstecken
die beiden
Eimer und Pinsel
unter einem der Raumschiffe.

„Wart ihr das?",
fragt Frau Luna streng.
„Wir doch nicht",
schwindeln Hannes und Stella.
Aber das glaubt Frau Luna
ihnen nicht.
Die beiden haben noch
rote Farbe an den Händen.
„Jetzt sehen die Raumschiffe
doch viel schöner aus!",
sagt Stella.

Aber Frau Luna findet das nicht.
„Zur Strafe dürft ihr
zwei Wochen lang nicht fliegen",
sagt sie.
Dann schickt sie
Stella und Hannes
auf ihr Zimmer.

„Wenn wir nicht fliegen üben,
schaffen wir die Prüfung nicht!",
sagt Hannes verzweifelt.
„Und wenn wir trotzdem fliegen?",
fragt Stella plötzlich.
Sie erklärt Hannes ihren Plan:
In der Nacht üben sie fliegen.
Heimlich.

Heimlich unterwegs

Stella und Hannes warten,
bis alle schlafen.
Dann schleichen sie leise
durch die langen Gänge
der Raumstation.

„Vorsicht!", flüstert Stella.
„Da kommt jemand."
Stella und Hannes verstecken sich
schnell hinter der nächsten Ecke.

Frau Luna fährt mit einem
Elektro-Karren an ihnen vorbei.
Zum Glück hat die Fluglehrerin
die beiden nicht gesehen.
„Das war knapp",
flüstert Hannes.
„Wenn sie uns erwischt,
dürfen wir bestimmt
nie wieder fliegen",
sagt Stella.

Stella und Hannes schleichen
weiter durch die Gänge.
Sie sind ganz leise und vorsichtig.
Immer wieder horchen sie,
ob jemand kommt.
Aber es kommt niemand mehr.
Außer Frau Luna scheinen
alle zu schlafen.

Die Raumschiffe parken
in einer großen Halle.
Es gibt große und kleine,
schnelle und langsame,
neue und alte.
„Welches sollen wir nehmen?",
fragt Stella.
„Am besten eines,
das nicht abgeschlossen ist",
antwortet Hannes.

Die Kinder überprüfen
die Luken der Raumschiffe.
Aber alle sind verschlossen.

„Hier ist eins offen!",
ruft Hannes auf einmal.

Er steht vor einem
uralten Raumschiff,
das in der hintersten
Ecke der Halle parkt.

Die beiden Kinder öffnen die Luke
und klettern in das Raumschiff.

Überall hängen Spinnweben
und auf den Sitzen liegt Staub.
Mit diesem Raumschiff ist schon
lange niemand mehr geflogen.

„Zum Glück ist der Tank voll",
sagt Stella
und deutet auf die Anzeige.
Sie startet den Motor.
Es dauert ein wenig,
aber dann springt er an.

Spaß im All

Mit einer Fernbedienung
öffnen Stella und Hannes
das Dach der Halle.
Langsam erhebt sich
ihr Raumschiff
und sie gleiten hinaus ins All.

„Klappt ja super!",
freut sich Stella.
„Lass uns um den Mond fliegen!",
schlägt Hannes vor.
In ihrem Raumschiff
umrunden sie den Mond.
Einmal, zweimal und
auch noch ein drittes Mal.
Beim Steuern wechseln
sich Stella und Hannes ab.
So können sie beide üben.
„Noch eine Runde?",
fragt Hannes.
„Klar doch", sagt Stella.

Danach wagen sie
ein paar Kunststücke:
Sie drehen sich
um die eigene Achse.
Dann machen sie
mit dem Raumschiff
Purzelbäume in der Luft.
Auch das können sie gut.
Vor der Flugprüfung brauchen sie
keine Angst zu haben.

Stella und Hannes sehen
unendlich viele Sterne und Planeten.
„Dahinten sind der Jupiter
und der Saturn!",
ruft Hannes.
„Und da vorne sind die Venus
und der Neptun", sagt Stella.
Die Namen haben sie
von Frau Luna gelernt.

Stella und Hannes können
auch die Erde sehen.
„Guck mal, da ist Afrika",
ruft Hannes.
„Und da ist Europa",
sagt Stella.
Von hier oben
sieht die Erde wunderschön aus.

„Was ist denn das da?",
fragt Hannes.
Er zeigt auf einen
riesigen Kometen.

„Er rast genau
auf den Mond zu!",
ruft Stella.

Der rasende Komet

„Alarm! Alarm!",
brüllen Stella und Hannes
in das Funkgerät.
Aber in der Station
meldet sich niemand.
Es schlafen ja alle.
„Alarm! Alarm!",
wiederholen die beiden.

„Stella? Hannes? Seid ihr das?",
meldet sich endlich eine Stimme.
Es ist Frau Luna.
„Wo seid ihr?",
will sie wissen.

„Da rast ein riesiger Komet
auf den Mond zu", ruft Stella.
Frau Luna zögert.
„Diesmal ist es kein Streich
von uns", verspricht Hannes.
„Dann kommt sofort zurück",
sagt Frau Luna
und löst den Alarm aus.

Stella und Hannes wollen zurück.
Aber ihr altes Raumschiff
ist zu langsam.
Der Komet kommt immer näher.
„Schneller, schneller!",
brüllt Hannes.
„Schneller geht nicht!",
brüllt Stella.

Stella und Hannes fliegen,
so schnell sie können.
Doch der Komet hat sie
schon fast eingeholt.
Plötzlich beginnt ihr Motor
zu stottern.
Dann setzt er ganz aus.
„Was machen wir jetzt?",
fragt Hannes.

„Übernimm du das Steuer!
Ich versuche, den Motor
wieder in Gang zu bringen",
sagt Stella.
Sie klettert nach hinten
in den Maschinenraum.
Auf dem Monitor
beobachtet Hannes
den Kometen hinter ihnen.

Auf dem Mond starten inzwischen
die Piloten ihre Raumschiffe.
Aber es wird noch dauern,
bis sie bei ihnen sind.
So lange müssen
Stella und Hannes
durchhalten.

„So ein Mist!", flucht Stella.
Sie sitzt im Maschinenraum
und sucht nach dem Fehler.
Aber sie kann ihn nicht finden.

Dann findet sie ihn doch:
Ein Kabel hat sich gelöst.
Stella macht es wieder fest
und eilt zurück zu Hannes.

„Gib Gas!", schreit Stella.

„Wie denn? Der Antrieb ist doch
kaputt", ruft Hannes.

„Jetzt nicht mehr", erwidert Stella.

Hannes probiert es aus.

Sofort macht das Raumschiff
einen Satz nach vorne.

Das war auch dringend nötig.

Der Komet ist jetzt schon
ganz dicht hinter ihnen.

Tausend kleine Steine

Von vorne kommen
die anderen Raumschiffe.
Hannes muss aufpassen,
wo er hinlenkt.

In einem der Raumschiffe
erkennt Stella ihre Fluglehrerin.
Frau Luna macht ein Zeichen:
Sie sollen aus der Schusslinie
verschwinden.

Die Raumschiffe feuern los.
Die Piloten achten darauf,
an Stella und Hannes
vorbeizuschießen.
Sie wollen nur den Kometen treffen.

Auf einmal gibt es hinter ihnen
eine riesige Explosion.
Das Dauerfeuer der Raumschiffe
hat den Kometen zerstört.
Er ist in tausend kleine
Steinchen zerbrochen.
„Hurra, wir sind gerettet!",
sagt Hannes erleichtert.
„Noch nicht ganz", sagt Stella.
„Frau Luna wird ganz schön sauer
auf uns sein."

Alle Raumschiffe fliegen
zurück zur Station.

Nach der Landung trauen sich
die Kinder nicht auszusteigen.
Sie haben Angst vor Frau Luna,
weil sie sich heimlich
ein Raumschiff ausgeliehen haben.
Obwohl sie gar nicht
fliegen durften.

„Wir können nicht ewig
hier sitzen", sagt Hannes.
„Du hast recht", sagt Stella
und klettert mit Hannes
aus dem Raumschiff.
Überrascht schauen sie sich um.
Alle Piloten klatschen Beifall.
Frau Luna kommt auf sie zu.
„Eigentlich müsste ich böse sein
auf euch", sagt die Fluglehrerin.
„Aber ihr habt die Station gerettet.
Ohne euch hätten wir den Kometen
nicht bemerkt ...
und er hätte hier alles zerstört."
Zur Belohnung überreicht sie
Stella und Hannes
ihren Flugschein.

Ganz ohne Prüfung.

Stella und Hannes lachen sich an.

Sie hatten Ärger erwartet

und nun werden sie sogar gelobt.

Glück gehabt.

Leserätsel

Rätsel 1

Wer bin ich?

1. Ich bin ein Mensch.

2. Ich trage einen Pinsel.

3. Ich habe braune Haare.

Rätsel 2

Silben-Salat

Bringe die Silben in die richtige Reihenfolge!

ME – KO – TEN

Wörter im Versteck

Insgesamt sind fünf Wörter versteckt.
Kreise sie ein.

F	U	L	P	I	R
A	F	R	I	K	A
R	I	E	L	E	X
B	A	M	O	N	D
E	K	U	T	S	Ö
E	M	O	T	O	R

Leserabe
Rätselspaß

So macht Lesen lernen Spaß!

Mit den kniffligen Rätseln erweiterst du spielerisch deinen Wortschatz. So wirst du ganz schnell zum Leseprofi!

So geht's:
Die Nummern in den Abbildungen zeigen dir, in welche Felder die gesuchten Wörter eingetragen werden.
Beachte:
Die Umlaute Ä, Ö, Ü werden als AE, OE, und UE geschrieben, das ß als SS.

Viel Spaß!

1. Wüstentier mit zwei Höckern
2. Großes, graues Rüsseltier
3. Kartoffeln, Erbsen und Möhren sind …
4. Bücher kann man …

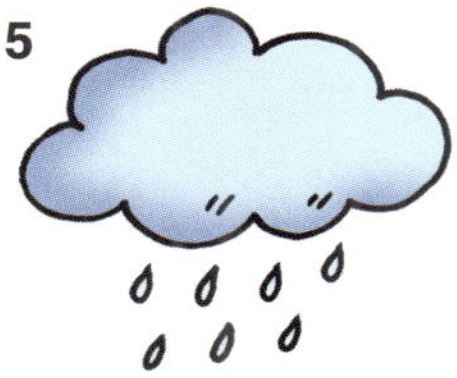

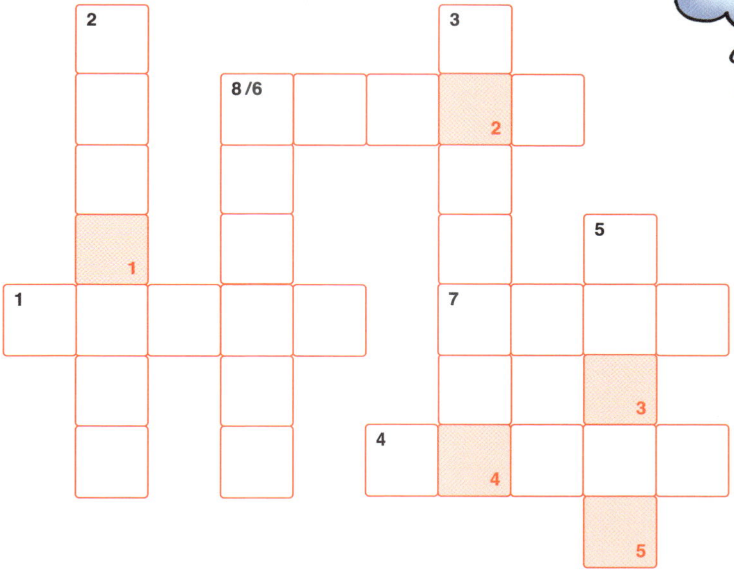

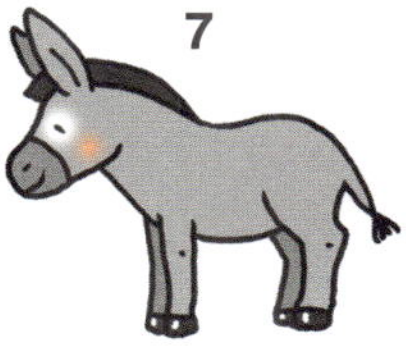

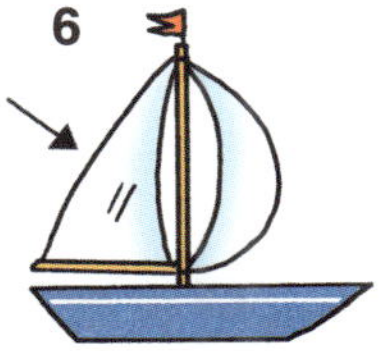

Lösungswort:

In diesem Rätselgitter haben sich
8 Bauernhoftiere versteckt.
Findest du sie?

→
↓

W	E	I	S	H	A	F	I	Z	E	R	F
L	E	E	S	C	H	W	E	I	N	K	J
C	A	W	C	E	G	I	J	E	D	N	O
H	U	U	H	F	R	D	I	G	M	I	L
I	E	G	A	H	P	B	R	E	C	K	P
E	S	E	F	T	F	I	E	R	V	A	G
N	K	H	U	N	E	R	T	N	Z	T	N
G	U	N	R	S	R	I	E	G	U	G	S
A	H	U	W	T	D	B	K	H	K	A	E
R	R	H	Z	G	E	N	H	U	H	N	H
T	G	E	S	E	L	R	T	C	I	S	U
Z	G	H	B	A	U	Z	R	T	Z	E	C

Welches Tier hat
ein **ie** in der Mitte?
Schreibe es auf.

104

1. Ein Stück Land, umgeben von Wasser
2. Anderes Wort für laufen
3. Gegenteil von dick
4. Ein junger Mensch

6

2

6   **3**   **7**

3

4   **1**   **4**

8

8

Gelbliche
Soße auf
dem Hotdog

5   **2**

5

1

Lösungswort: 1   2   3   4

105

1. Maßeinheit für Getränke
2. Autos fahren mit …
3. Raubkatze mit Streifen
4. Anderes Wort für Vorhang

8 Anderes Wort für Orange

Lösungswort: [1] [2] [3] [4] [5]

1. Auf einen Brief schreibt man eine …
2. Gegenteil von trocken
3. Fenster sind aus …
4. Mitten im Gesicht sitzt die …

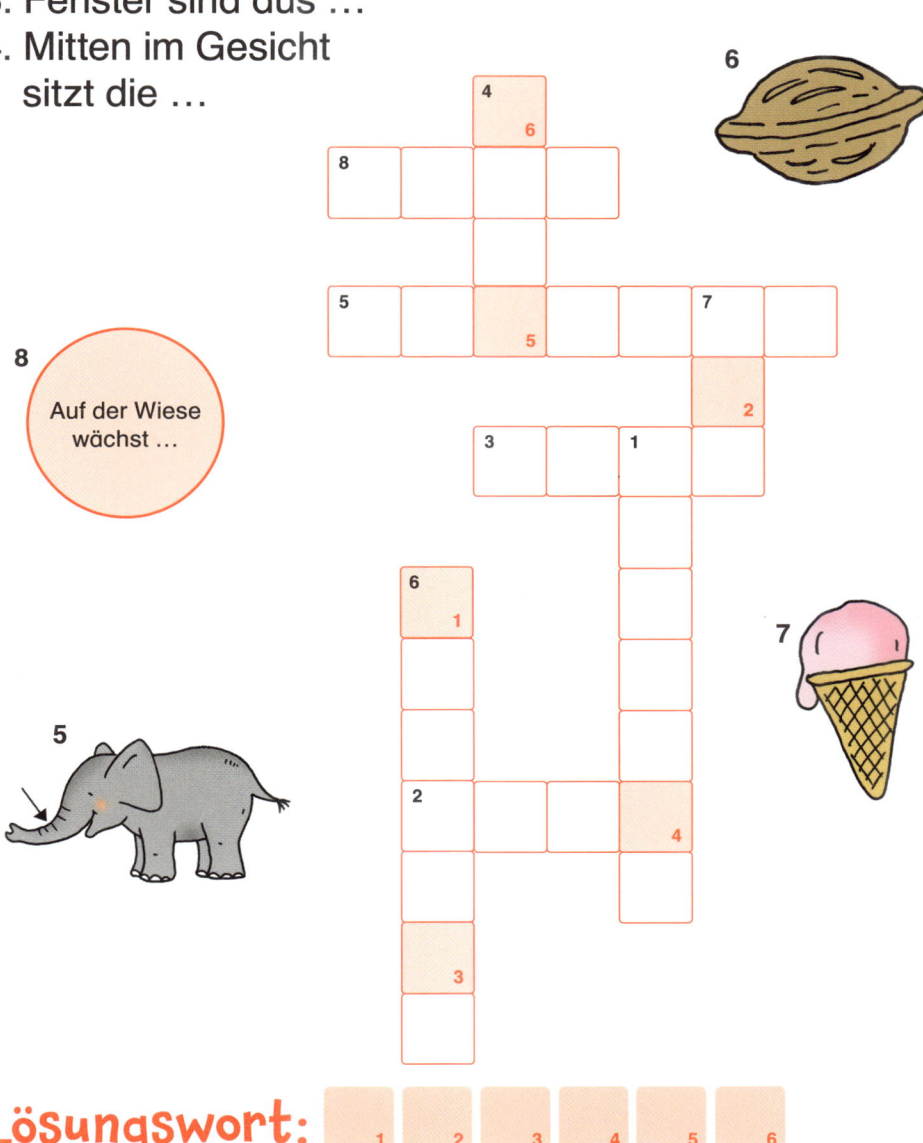

8 Auf der Wiese wächst …

Lösungswort: 1 2 3 4 5 6

In diesem Rätselgitter haben sich
8 Farben versteckt.
Findest du sie alle?

→

E	F	T	H	R	O	S	A	Z	D	F	G
U	L	M	V	E	U	I	L	A	R	O	B
G	I	F	G	W	E	S	Z	B	H	H	L
R	L	G	R	R	U	H	J	L	J	N	A
U	A	U	A	S	I	G	O	A	N	K	B
N	E	E	O	T	G	R	A	U	U	O	R
E	F	R	G	W	T	U	K	I	A	L	A
D	T	F	T	U	T	E	N	G	F	A	U
C	U	G	P	N	I	N	O	K	G	P	N
V	S	N	C	K	G	A	T	D	E	N	K
R	O	T	H	L	A	I	N	K	L	G	I
G	E	L	P	T	U	J	K	U	B	R	A

Was ist deine
Lieblingsfarbe?
Schreibe sie hier auf!

108

1. Anderes Wort für Einfall
2. Gegenteil von senkrecht
3. Anderes Wort für Tierpark
4. Gegenteil von voll

6

5

8

Sie ist essbar und wächst am Strauch.

7

Lösungswort: ☐ ☐ ☐
           1   2   3

1. Anderes Wort für Müll
2. Was tut der Hund?
3. Es liegt zwischen zwei Bergen.
4. Anderes Wort für prima

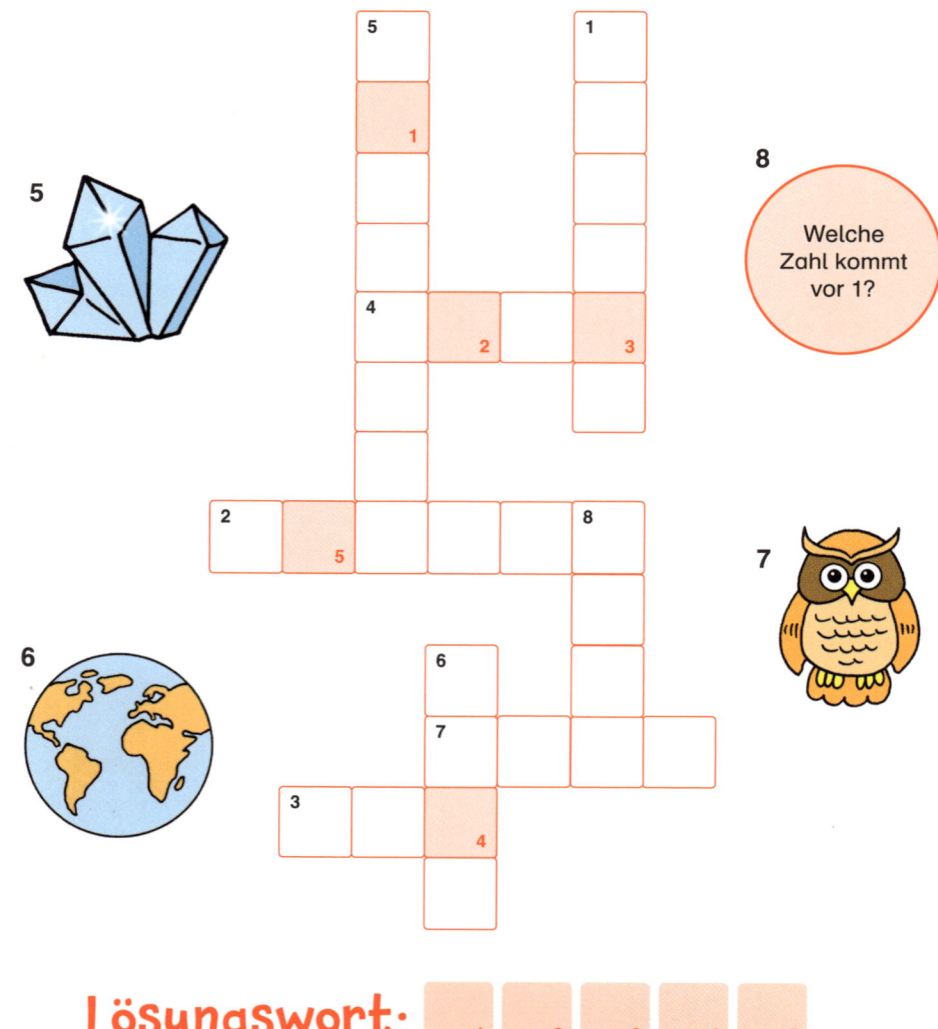

8 Welche Zahl kommt vor 1?

Lösungswort: 1 2 3 4 5

1. Anderes, altmodisches Wort für Scherz
2. Ein kurzer Jungenname
3. Das englische Wort für Kiste
4. Ein Sprichwort sagt:
    … und zugenäht!

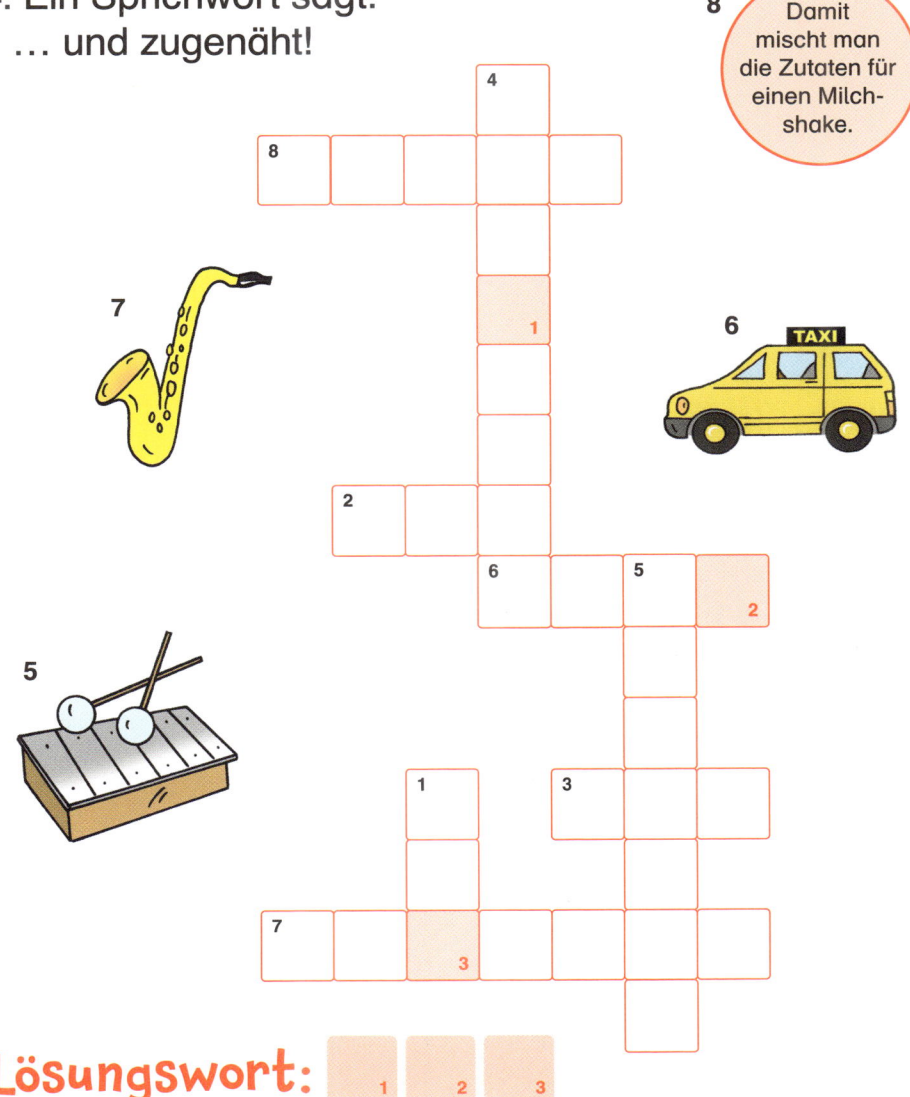

8 Damit mischt man die Zutaten für einen Milch-shake.

Lösungswort:

111

In diesem Rätselgitter haben sich
8 Zahlwörter versteckt.
Findest du sie alle?

→
↓

G	H	U	N	F	I	E	R	L	A	U	M
C	H	T	A	B	E	U	N	S	F	J	K
I	Z	E	C	N	T	Z	S	I	B	A	N
S	E	C	H	S	R	I	Z	E	I	N	S
O	H	F	T	Z	E	M	G	B	S	D	R
P	N	R	V	W	H	U	I	E	N	F	N
M	A	G	T	Z	V	O	P	N	U	N	V
H	G	H	V	I	E	R	U	Z	W	A	E
L	Z	A	C	K	T	E	I	M	C	S	T
K	W	G	H	T	C	F	U	E	N	F	E
A	E	T	U	O	J	K	N	O	K	P	I
X	I	N	W	H	E	I	B	A	L	M	J

Findest du
die beiden Zahlen mit
dem **ei**? Schreibe sie
in die Kästchen.

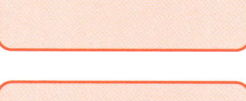

1. Im Auto drückt man auf die …
2. Welches Gericht isst man mit dem Löffel?
3. Meine Großeltern nenne ich
   Oma und …
4. Anderes Wort für toll oder großartig

7

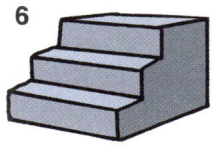

6

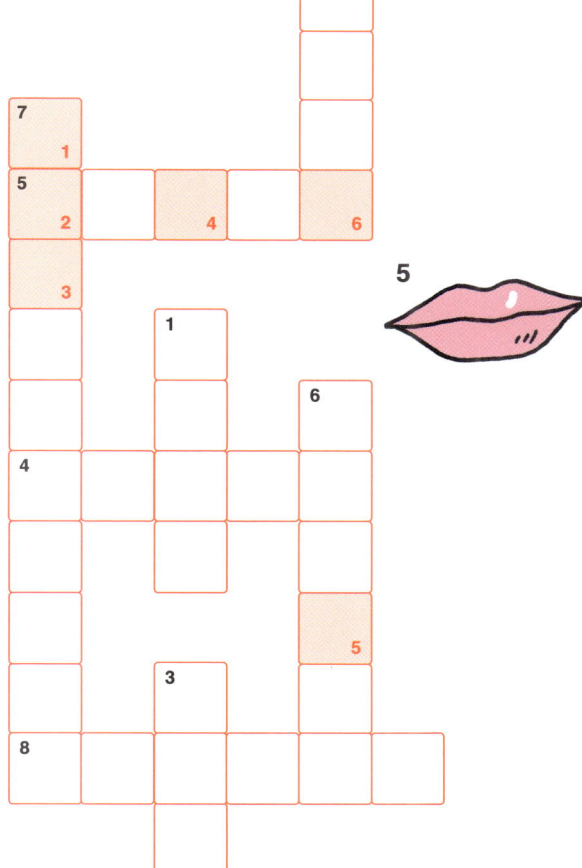

5

8

Damit
putzt man.

Lösungswort: ⬜ ⬜ ⬜ ⬜ ⬜ ⬜
            1   2   3   4   5   6

113

1. Ein anderes Wort für Hochzeit feiern
2. Gegenteil von laut
3. Die Farbe von Schnee
4. Gegenteil von kalt

8

Welcher Tag kommt vor dem Wochenende?

Lösungswort:

Leserabe macht Urlaub

Doch was hat er beim Packen vergessen?
Setze die Wörter auf den Taschen zusammen.
Schreibe das Wort auf die Linie.

aBde   eoHs

nhaZ   Breüst

dtaSt   nalP

oSnnne   reCme

auTchre   lleiBr

danrSt   chuT

Leander hat Hunger

Folge der Wegbeschreibung.
Wo möchte Leander essen?

Von hier gehst du zuerst geradeaus weiter bis zur Kirche.
Biege dann nach links ab. An der nächsten Kreuzung siehst du
ein altes Haus. Dort biegst du nach rechts ab. Gehe die Straße
weiter entlang und biege kurz vor der Kurve wieder nach rechts
ab. Auf der linken Seite siehst du eine kleine Hütte.
Dort bekommst du etwas zu essen.

Lösungswort:

116

Wer wohnt in welchem Haus?

Und welche Hausnummern haben die drei Häuser?
Lies die Sätze aufmerksam und schreibe die
passenden Namen und Nummern auf die Häuser.

Eva, Joanna und Enzo wohnen nebeneinander. Neben
Enzos Haus steht eine große Tanne. Sie ist fast so hoch
wie das Haus. Die drei Häuser haben die Hausnummern
8, 10 und 12. Evas Haus hat die Hausnummer 8. Das
Nachbarhaus von Eva hat die Nummer 10. Joanna wohnt
in dem Haus mit dem lila Gartenzaun. Joanna wohnt
genau zwischen Eva und Enzo. Enzos Haus hat die
höchste Hausnummer der 3 Häuser.

117

Rätsel 15

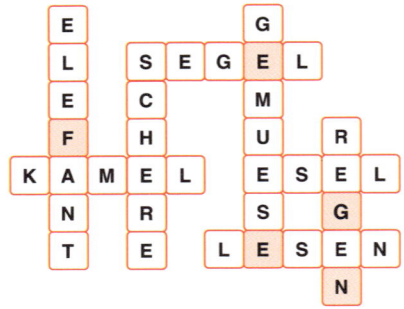

```
            G
E       S E G E L
L   C       M       R
E   H       U       R
F   H       E S E L
K A M E L   S       G
  A   R         L E S E N
  N   E             N
  T
```

F E G E N

Rätsel 16

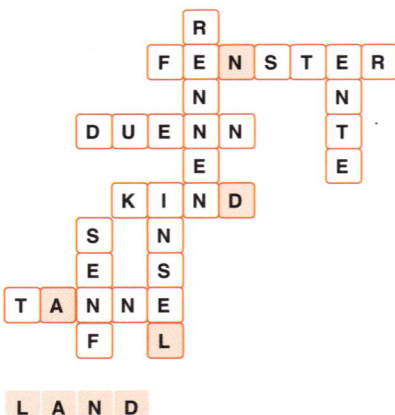

W	E	I	S	H	A	F	I	Z	E	R	F
L	E	E	S	C	H	W	E	I	N	K	J
C	A	W	C	E	G	I	J	E	D	N	O
H	U	U	H	F	R	D	I	G	M	I	L
I	E	G	A	H	P	B	R	E	C	K	P
E	S	E	F	T	F	I	E	R	V	A	G
N	K	H	U	N	E	R	T	N	Z	T	N
G	U	N	R	S	R	I	E	G	U	G	S
A	H	U	W	T	D	B	K	H	K	A	E
R	R	H	Z	G	E	N	H	U	H	N	H
T	G	E	S	E	L	R	T	C	I	S	U
Z	G	H	B	A	U	Z	R	T	Z	E	C

Z I E G E

Rätsel 17

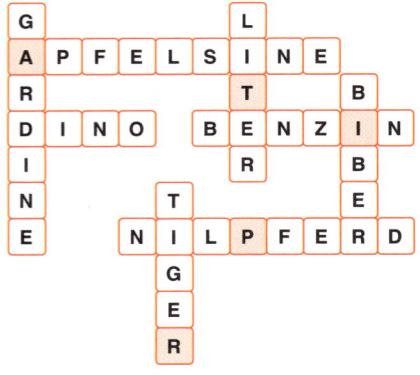

```
        R
        F E N S T E R
        N           N
    D U E N N       T
        E           E
        K I N D
    S   N
    E   S
T A N N E
    F   L
```

L A N D

Rätsel 18

```
G               L
A P F E L S I N E
R           T       B
D I N O   B E N Z I N
I           R       B
N       T           E
E       N I L P F E R D
        I
        G
        E
        R
```

T A P I R

Rätsel 19

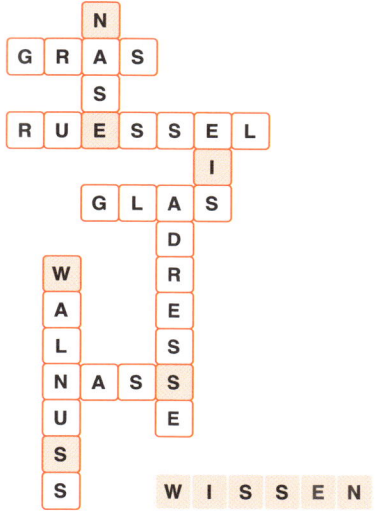

Rätsel 20

E	F	T	H	R	O	S	A	Z	D	F	G
U	L	M	V	E	U	I	L	A	R	O	B
G	I	F	G	W	E	S	Z	B	H	H	L
R	L	G	R	R	U	H	J	L	J	N	A
U	A	U	A	S	I	G	O	A	N	K	B
N	E	E	O	T	G	R	A	U	U	O	R
E	F	R	G	W	T	U	K	I	A	L	A
D	T	F	T	U	T	E	N	G	F	A	U
C	U	G	P	N	I	N	O	K	G	P	N
V	S	N	C	K	G	A	T	D	E	N	K
R	O	T	H	L	A	I	N	K	L	G	I
G	E	L	P	T	U	J	K	U	B	R	A

Rätsel 21

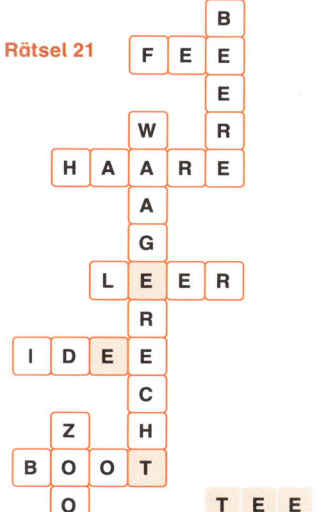

Rätsel 22

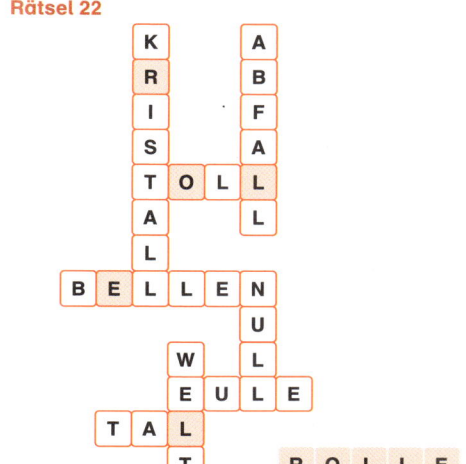

Rätsel 23

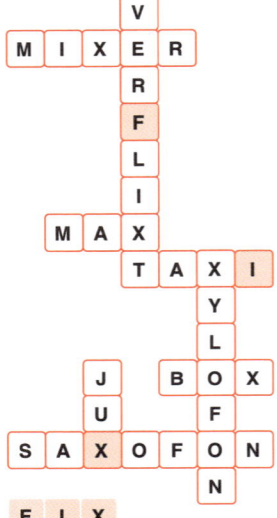

```
          V
M I X E R
          R
          F
          L
          I
    M A X
          T A X I
          Y
          L
    J   B O X
    U     F
S A X O F O N
          N
F I X
```

Rätsel 24

```
G H U N F I E R L A U M
C H T A B E U N S F J K
I Z E C N T Z S I B A N
S E C H S R I Z E I N S
O H F T Z E M G B S D R
P N R V W H U I E N F N
M A G T Z V O P N U N V
H G H V I E R U Z W A E
L Z A C K T E I M C S T
K W G H T C F U E N F E
A E T U O J K N O K P I
X I N W H E I B A L M J
```

EINS

ZWEI

Rätsel 25

```
          S
          U
          P
          P
K         
L I P P E
A   H
P   U   T
P   U   R
S U P E R
T   E   E
U       P
H   O   P
L A P P E N
    A
```

K L A P P E

Rätsel 26

```
    D
F R E I T A G
    E
E I N H O R N
I       E
G       I
E       R
L       A
B       T     H
    L E I S E
        N     I
              S
    W E I S S
```

W E I D E

120

Rätsel 27

Badehose   Sonnencreme
Zahnbürste   Taucherbrille
Stadtplan   Strandtuch

Rätsel 28

IMBISS

Rätsel 29

Rätsel für die Rabenpost

| Niko hat | ····· Winterferien. **P** |
| | ····· Sommerferien. **W** |

| Dussel ist ein | ····· Hund. **E** |
| | ····· Weltraumhund. **L** |

| Stella und Hannes bemalen | ····· Raumschiffe. **A** |
| | ····· U-Boote. **I** |

| Frau Luna ist ihre | ····· Lehrerin. **L** |
| | ····· Tante. **A** |

Lösungswort: [ ] **E** **T** [ ] **L**

Hast du das Lösungswort herausgefunden?
Dann kannst du jetzt tolle Preise gewinnen.

Gib das Lösungswort auf der  Leserabe-Website
ein oder schick es mit der
Post an folgende Adresse:

An den Leseraben
Rabenpost
Postfach 2007
88190 Ravensburg
Deutschland

Lösungswort

An
den LESERABEN
RABENPOST
Postfach 2007
88190 Ravensburg
Deutschland

**Bitte frage
deine Eltern!***

Lesen lernen wie im Flug!

In drei Stufen vom Lesestarter zum Leseprofi

Vor-Lesestufe
Ab Vorschule

ISBN 978-3-473-46213-1

ISBN 978-3-473-46273-5

ISBN 978-3-473-46207-0

1. Lesestufe
Ab 1. Klasse

ISBN 978-3-473-46218-6

ISBN 978-3-473-46252-0

ISBN 978-3-473-46149-3

2. Lesestufe
Ab 2. Klasse

ISBN 978-3-473-46208-7

ISBN 978-3-473-46059-5

ISBN 978-3-473-46028-1

Leichter lesen lernen mit der Silbenmethode

ISBN 978-3-473-**46230**-8*
ISBN 978-3-619-**14603**-1**

ISBN 978-3-473-**46275**-9*
ISBN 978-3-619-**14341**-2**

ISBN 978-3-473-**46194**-3*
ISBN 978-3-619-**14452**-5**

ISBN 978-3-473-**46193**-6*
ISBN 978-3-619-**14602**-4**

ISBN 978-3-473-**46231**-5*
ISBN 978-3-619-**14344**-3**

ISBN 978-3-473-**46274**-2*
ISBN 978-3-619-**14606**-2**

ISBN 978-3-473-**38556**-0*
ISBN 978-3-619-**14609**-3**

ISBN 978-3-473-**38553**-9*
ISBN 978-3-619-**14447**-1**

ISBN 978-3-473-**38568**-3*
ISBN 978-3-619-**14481**-5**

ISBN 978-3-473-**38565**-2*
ISBN 978-3-619-**14480**-8**

** **Gebundene Ausgabe** bei Mildenberger   * **Broschierte Ausgabe** bei Ravensburger

Mit Rätseln zum Leseprofi!

ISBN 978-3-473-48962-6

ISBN 978-3-473-48986-2

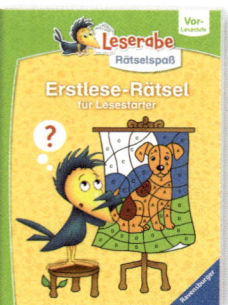

ISBN 978-3-473-48987-9

ISBN 978-3-473-48961-9

ISBN 978-3-473-48944-2

ISBN 978-3-473-48988-6

ISBN 978-3-473-48989-3

ISBN 978-3-473-48940-4

ERZ_23_005